Género Ficción realista

I0810789

Pregunta esencial
¿Qué vemos en el cielo?

El mapa celeste

Sabrina Herreros

ilustrado por
María Fernanda Mantilla

Capítulo 1 Acampar

Soy Daniel y me encantan los campamentos.

Me gusta ayudar a mis padres a armar la carpa y buscar leña. De día, me gusta hacer caminatas o pescar con ellos. De noche nos reunimos en familia alrededor del fogón. Contamos cuentos o miramos las estrellas.

Mi papá es astrónomo y me enseña muchas cosas acerca del cielo.

Un día acampamos cerca del mar.

En la playa, el cielo se ve más lindo. Mi papá invitó a otras familias del camping. Con muchas personas, todo sería más divertido. Mi amigo Felipe y sus padres vendrían también.

Eso me puso contento. “¡Vamos a jugar con las linternas!”, pensé. Encender y apagar linternas nos transforma en luciérnagas.

Felipe y yo teníamos ganas de jugar con las linternas en el bosque. Sus papás nos acompañarían. Pero las pilas de las linternas dejaron de funcionar y nos quedamos en el campamento.

Como alrededor del fogón todos estaban muy interesados escuchando a papá, nos acercamos nosotros también.

La luna iluminaba la noche. Las olas se movían como si estuvieran en una hamaca verdiazul. Y mi papá contaba cosas muy interesantes.

Al día siguiente, Felipe me contó:

—Mis padres y yo estuvimos hablando mucho de lo que aprendimos acerca de los planetas. Por ejemplo: El sistema solar primero fue una nube y luego un disco de gas y polvo. Después, el centro de ese disco se calentó, y así dio origen al Sol.

—¡Qué bueno! Mi padre quiere invitarlos nuevamente esta noche a ver el cielo —le dije a Felipe.

Capítulo 2
Dibujos en el cielo

—¡Qué suerte! ¡El cielo está despejado! ¡Veremos muchas cosas hoy! —dijo mi papá—. Podremos ver la Luna, las estrellas y algunos planetas vecinos.

Todo es visible en el cielo si se mira con atención.

—¿Por qué no invitas a tus amigos a ver el cielo al anochecer? —dijo mi papá—. Les enseñaré algunas cosas divertidas sobre las estrellas. Terminaremos temprano, porque a la medianoche ya debemos estar todos durmiendo.

¡A mi padre le gustan las estrellas!

Detective del lenguaje	Identifica un verbo conjugado en presente en esta página.

Todos, niños y padres, nos juntamos en la playa al anochecer. No teníamos nada para iluminar.

Después de un rato nuestros ojos se habían acostumbrado a la oscuridad. Podíamos ver como si hubiera una lámpara cerca.

Entonces comenzamos a mirar las estrellas.

La primera tarea que nos dio papá fue buscar constelaciones.

Las constelaciones son grupos de estrellas. Si imaginamos que están unidas, estas forman un dibujo en el cielo.

Los pueblos de la antigüedad usaban las constelaciones para orientarse. Según la posición de las estrellas en el cielo, sabían a dónde dirigirse.

Entonces papá contó:

—Los astrónomos usamos "el mapa celeste".

Nadie sabía qué era eso. Entonces, Felipe le preguntó:

—¿Qué es el mapa celeste?

—Es un mapa del cielo. Muestra las constelaciones —explicó papá.

Algunos quedaron pensativos. Y papá siguió su relato.

—El mapa celeste lleva impresos los puntos celestes: NORTE, SUR, ESTE y OESTE. También lleva el dibujo de las constelaciones. ¡Estos mapas existen desde hace muchos siglos!

—Entonces son muy viejitos —dijo Daniel de pronto.

Todos rieron muy divertidos.

Detective del lenguaje

¿Hay comas en esta página? ¿Para qué se utilizan?

Capítulo 3
Un gran astrónomo

Felipe estaba muy interesado.

—¿Nos puede contar más sobre las constelaciones? —preguntó Felipe.

—¡Pues, claro que sí! Es un tema muy interesante —dijo el papá de Daniel.

—Existen muchas constelaciones. Los pueblos de la antigüedad les pusieron nombres de la mitología y de animales: Osa Mayor, Osa Menor, Orión, Tauro, Hércules. Las más conocidas son las doce constelaciones del zodíaco.

—¡Qué nombres divertidos tienen las constelaciones! —dijo Daniel.

—El zodíaco... ¿eso tiene que ver con los cumpleaños? —preguntó Felipe.

—¡Así es! —exclamó papá—. Las constelaciones del zodíaco son doce. ¿Recuerdas cómo se llaman?

—Yo soy de Géminis —dijo Felipe—. Pero no recuerdo más...

—¡Y yo soy de Libra! —exclamó Daniel.

Todos nos reímos mucho.

Todos escuchaban con mucha atención. Pero ya se hacía tarde. Las estrellas y la luna iluminaban nuestros rostros. La Osa Menor adornaba el cielo oscuro.

Entonces, Felipe preguntó si podía volver al día siguiente. Quería poner en práctica lo que había aprendido sobre las constelaciones.

Estoy muy orgulloso. ¡Mi padre es un gran astrónomo!

Respuesta a la lectura

Resumir

Usa detalles del cuento para resumir *El mapa celeste*.

Primero
Después
Luego
Al final

Evidencia en el texto

1. ¿Cómo sabes que *El mapa celeste* es un cuento de ficción? **Género**
2. ¿El papá de Daniel habla primero de las constelaciones o del "mapa celeste"? **Secuencia**
3. ¿Qué significa *cumpleaños* en la página 14? **Palabras compuestas**
4. Escribe sobre lo que crees que ocurrirá después en el cuento. **Escribir sobre la lectura**

Género Texto expositivo

Compara los textos

Lee más sobre las estrellas.

Las estrellas

Purestock/SuperStock

Las estrellas pueden parecer amarillas, rojas, azules o blancas.

¿Qué es una estrella?

Una estrella es una gran bola de gases calientes. La parte más caliente es su centro. Las estrellas tienen mucha energía. Parte de esta se libera en forma de luz. La luz de las estrellas puede ser de distintos colores.

Nuestro Sol

Nuestro Sol es una estrella amarilla.

¿Crees que puedes ver estrellas solo de noche? Quizá olvidaste una. Vemos una estrella todos los días. Esa estrella es el Sol. Se ve más grande y más brillante que otras estrellas. Pero nuestro Sol no es la estrella más grande y más brillante en el cielo. Solo está cerca, mucho más cerca de nosotros que cualquier otra. El Sol es la estrella más cercana a nuestro planeta.

¿Qué es una estrella fugaz?

Las estrellas fugaces, en realidad, son meteoros.

Una estrella fugaz parece pasar como una flecha por el cielo durante la noche. Pero las estrellas fugaces no son realmente estrellas. Son trozos de roca o polvo. Viajan por el espacio y chocan con la atmósfera de la Tierra. La mayoría se queman antes de llegar al suelo. Sin embargo, a veces una parte de una estrella fugaz llega a la superficie de la Tierra.

Haz conexiones

¿Qué vemos en el cielo cuando pasa una estrella fugaz? **Pregunta esencial**

¿Qué aprendiste sobre el cielo en *El mapa celeste* y *Las estrellas*? **El texto y otros textos**

Enfoque:
Elementos literarios

Trama La trama relata los sucesos del cuento en una secuencia: primero, después, luego y al final.

Lee y descubre Primero, Daniel y su familia acampan cerca del mar. Después, el padre de Daniel invita a las familias que acampan con ellos a mirar el cielo. Luego, Felipe se interesa por las constelaciones. Al final, Felipe quiere volver a mirar el cielo la noche siguiente.

Tu turno

Imagina que escribes un cuento de ficción sobre lo que se ve en el cielo. Haz una tabla de secuencia que muestre qué pasa primero, después, luego y al final. Escribe una cosa que ocurre en cada parte del cuento.